情　　報

—— 魯竹十四行詩

魯　竹　著

文　史　哲　詩　叢
文史哲出版社印行

國家圖書館出版品預行編目資料

情報：魯竹十四行詩 / 魯竹著. -- 初版 --
臺北市：文史哲, 民 104.03
頁; 公分（文史哲詩叢；123）
ISBN 978-986-314-251-5（平裝）

851.486　　　　104003084

文史哲詩叢 123

情報

── 魯竹十四行詩

著　者：魯　竹
出版者：文史哲出版社
http:// www.lapen.com.tw
e-mail：lapen@ms74.hinet.net
登記證字號：行政院新聞局版臺業字五三三七號
發行人：彭正雄
發行所：文史哲出版社
印刷者：文史哲出版社
臺北市羅斯福路一段七十二巷四號
郵政劃撥帳號：一六一八〇一七五
電話886-2-23511028・傳真886-2-23965656

定價新臺幣二二〇元

中華民國一〇四年（2015）三月初版

ISBN 978-986-314-251-5　09123

情報：魯竹十四行詩

目次

情報一

1、

君有言
自知
知非是
自信
寫是非
背負歷史包袱
自強
山不轉水轉

君有言
有感　有識　有悟
敢所言
尋思草根
鄉土故事
寫人之命運

柯羅拉多高原初稿
魯竹／Luzhu　二〇一二、一〇、二一

2.

辯秋風
催黃葉　滿地
綠葉　紅葉　黃葉

辯秋葉
不如辯秋雨

後山　前山
吹黃葉　滿山
風色　水色　葉色

辯秋色
不如辯秋雲
辨風光
不如辨月色
辯高原
不如辯海拔

柯羅拉多高原初稿
魯竹／Luzhu 二〇一二、一〇、二一

3、

秋風　秋水
催黃葉
辨綠葉　紅葉　黃葉

辯秋葉
不如辯秋雨

後山　前山
吹黃葉
辨風色　水色　葉色

辯秋色
不如辯秋雲
辨政客風光
不如辨月色
辯政客口水
不如辯泡沫

柯羅拉多高原初稿
魯竹／Luzhu　二〇一三、一〇、二一

4、

牛　牛　牛
牛仔霸道自由
星戰沙漠變戲法
打造山寨民主

辨綠葉紅葉黃葉
辯秋葉
辨風色　水色　葉色

辯秋色風水
不如辯秋雲
辨政客風光
不如辨月色

辨山寨「凍蒜」
辯政客口水風向
不如辯風化泡沫

柯羅拉多高原初稿
魯竹／Luzhu　二〇一二、一〇、二二

5、

不知雲多深
沒人能言
不知風吹向
沒人能言

告訴我真言
不是，白色謊言
那肢體語言
廣告口水

星戰　傷亡　人造風暴　難民　寡婦孤兒
背債　成本　風險　愛與恨　犧牲與希望
預算與預言

請告訴我真言
以簡潔的語言
當我留言在風中

柯羅拉多高原初稿
魯竹／Luzhu　二〇一二、一〇

6、

莫言
莫言風語
在楓紅

莫言
有言雲語
在雲端

莫言認同
在境外

有言突破
在現象

青春幻想
鄉土尋根
「慈悲自在」
口語激情　有言

柯羅拉多高原初稿
魯竹／Luzhu 二〇一二、一〇、一二

7、

莫言
抒情　有道
鬼怪故事
隱喻　亂碼
人性
「道非道
非常道」

有言
率性　善道
鄉土往事
尋思　未來
人事
花是花
霧是霧

8、

莫言　知言
預言
知所言
擇言
敢所言
莫言　立言

有言　戲言
戲言無罪

人生如戲
台上台下
慎戲言
莫言無罪

戲言人生
莫言　有言

9.

莫言　莫言
超強國債
花旗招展秋風下
「凍蒜」　「凍蒜」
回顧展望
經濟外交民主下
廣告　廣告
預算泡沫
四年一度辯風水

政客　政客
空頭支票
包裝風化變口水
波多莫克河在詠嘆
莫言白宮蒜園滄桑

柯羅拉多高原初稿
魯竹／Luzhu　二〇一二、一〇、一九

情報二

1、

真恐怖　假恐怖
民主自由囂張
帳蓬外交打造
傀儡　在亂世
情報隱喻
意識型態

大傀儡　小傀儡
惡性競爭舞台
沙漠星戰
顛覆中東
海權美援
亞非傀儡
半姓資　半姓社
自由民主不平等

柯羅拉多高原初稿
魯竹／Luzhu　二〇一三、八、一八

2.

秋風不平等
政客霸道
自由有價
生命有價

億元議員
民主有價
自由有罪
民主不平等

經濟不平等
人權不平等
憲政不平等

名利權勢
政治在亂世
自由民主不平等

柯羅拉多高原初稿
魯竹／Luzhu　二〇一三、一〇、一三

3.

波多莫克河畔
政客自我喧嘩
競爭異類人權

姓資的龍頭
擺不平權勢
意識德行是非

象鼻在糾葛
驢瞼怨綁票
茶會黨惹是非

所謂國家利益
漠視國債預算

義工代割華盛頓
林肯紀念堂草坪
地球村在看熱鬧

柯羅拉多高原初稿
魯竹／Luzhu 二〇一三、一〇、一六

4.

軍火商得勢
巴格達變天之後
牛仔侵佔沙漠打油井
服役百萬大兵
駐軍十五萬大軍
傷患了的兩萬戰士
陣亡了的四千肉身

憂傷了的花旗家庭
憂傷了不了的打遊擊
擒兇不了恐怖分子
自殺炸彈了的預算
每月浪費超過百億美金
咋不貶值　打造不了
的玫瑰傀儡在巴格達

柯羅拉多高原初稿
魯竹／Luzhu　二〇〇八、三、三

5、

臺上忙假情報布袋戲
偷報人身攻擊
奧步了的負性廣告
廣告謊言

台下「踢館」送大禮
道歉了的九十度鞠躬
百姓看熱鬧
難得辯證政見議題

誰在說真話
趕緊說真話
在還有說真話的機會

莫放棄機會
造假情報顧左右而言他
金鼠說「凍蒜」競爭編「真」話

柯羅拉多高原初稿
魯竹／Luzhu　二〇〇八、三、一五

6.

情報真真假假
人造沙塵暴
打造假情報
戰火野火燒呀燒

聖嬰現象
造假不了的地球暖化

火山冒煙
情報狼煙

星戰彈煙自殺炸彈彈煙
機車亂煙　電廠碳煙
工廠硫煙氯煙有機煙
市場競爭人權不了二手煙
金鼠説　莫怪聖火火炬
地球村發燒怎不烏煙瘴氣

柯羅拉多高原初稿
魯竹／Luzhu　二〇〇八、四、一九

7、

意識了的民主
霸道自由
透明天花板下
不平等的民主

資本主義走奧步
黑金市場惡性競爭
平等不了經濟
自由了的人身攻擊

假情報了的平等
教育正名走奧步
貧富不平等
民主不平等　政客

人治領導不平等的民主
民主證明了不了的法治

柯羅拉多高原初稿
魯竹／Luzhu　二〇〇八、四、三〇

8.

愛上楓葉
不懂為何要落葉
落葉飄何處

愛玩白雪
不懂為何雪無常
白雪家何在

沒到過沙漠
不知道戰爭
不懂為何大人要吵架
小人要打架

小雅愛沉思
不知道大人心想什麼
又要做些什麼　許多
小雅還想不通的事情

柯羅拉多高原初稿
魯竹／Luzhu　二〇〇六、一〇、二五

9.

小雅愛上黑白
愛上鋼琴聲
到公婆處度假

帶他拜訪
她媽媽的老師
啓蒙琴藝

鋼琴第一課
靜心

一根食指在黑白琴鍵上下
擊童歌
小雅練琴
每天一清早
和上外公朗頌詩
高原草堂春意猶未了

柯羅拉多高原初稿
魯竹／Luzhu　二〇〇九、六、二九

情報　三

1、

我是竹子
從江南移植到高原
在紅河畔學習
塗鴉

我曾有三高
窒息在城市
我修道在原高
遠眺

我曾自命不凡
變成散淡的人
愛上風雲鳥樹
和唱

我在高原琢磨
瞭解你 我 他

2.

你是我的敵人
我是你的友人
他是你我的愛人

你自大
我不自卑
他在考驗你我的能耐

他教導你我
活著
有尊嚴有價值
他是銅鏡
讓你我反思
不歧視
他在十字路口
引路

3、

你是太陽
他是月亮

仲夏日　你
淋三次浴

他說　空調
通風有問題

你是薔薇
他是含羞草

你愛品牌
他求實惠

你有主張
他有意見

他是月亮
你是太陽

山景市愛心居初稿
魯竹／Luzhu　一九八三、七、二四

4.

我塗　你唱
下崗　下海
在變通的年代
他不懂

我守　你拼
非是　實虛
在變速的年
他不懂

我退　你進
騰雲　吹風
在變臉的舞台
他不懂

包容　淡定
他不懂

5、

手牽手
為了理想
風格

分分手
為了意識
風雲

分了再牽
為了感識
風緣

了不了的
激情
在心靈
散淡　潛沈
他不懂

柯羅拉多高原初稿
魯竹／Luzhu　二〇〇五、四、四

6.

天為什麼高
地為什麼低

種族
宗教
命運
因緣

你我不平等
他她不平等

政治
經濟
社會
道德
言行為什麼
民主自由不平等

柯羅拉多高原初稿
魯竹／Luzhu　二〇〇〇、五、四

7、

台上　一開鑼
文武場定音
有人看戲
有人演戲
諸葛亮在城頭觀—
觀—山景……
司馬在猶—豫……

台下　待淡定
幾多知音
有人聽戲
有人演戲
鐵鏡公主……莫—不—是……
又不懂……真不懂？

柯羅拉多高原初稿
魯竹／Luzhu　二〇〇三、三、三

8、

爸爸　爸
您累了
您的舞台
夠大了

她難改
您也難改
留點空間
深呼吸

是的　您不老
但　您累了
留點時間
退一步　瞧
樹晃　落葉
您累了　不老

柯羅拉多高原初稿
魯竹／Luzhu 二〇〇〇、一、一

9、

家家有故事
部落有故事
人造故事
牛仔打油井
沙塵暴
黨團有故事
打造星戰
上街頭

自殺炸彈
廣場有故事
沙漠有故事
政客有故事
亂世有故事
家家有故事

情報 四

1、

魯竹十四行　異類自由文體
比興　言志　詩半詞半　雙小令
意大利十四行　英格蘭十四行
隨內容　情節　韻律　行步
七對聯句
一組六句+ 對句
雙五句 + 四句

四句 x3＋ 對句
俳句 x4＋ 對句
雙四句 ＋ 雙俳
小令帶四句 ＋ 單俳

十四行不分行
在在知音記錄時代生活經驗教訓感悟
末完成十四行……詩 是 思 絲

柯羅拉多高原初稿
魯竹／Luzhu 二○○四、五、四

2.

花旗下　科技掛帥
電燈電話電報
電子電視電腦
網路連線情報
生化工程研發風光

基因隱私亂碼臉書
難得領導不亂倫
不斷變法　變臉

59　情報四

國際警察囂張
五角牛仔霸道
星戰沙漠　缺水

在所謂的「國家利益」下
自由民生不平等
無竹　山姆叔怎不煩惱

3.

情報販子賣戰情
軍火商打造戰報

曰報自殺炸彈　頭條新聞
五角玫瑰刺刺仙人掌

帳蓬外交　記者編輯廣告
炒作電視焦點　布袋戲

華爾街　大款散户看戰報
五角牛仔境外自衛佔領

霸道自由議員說客看戰報
廣場之春　民主壽命看戰報

我不相信戰情　相信老了累了
不靠譜的　失血的戰報
春天「和平」遲早會來取代
在那無竹的地方

柯羅拉多高原初稿
魯竹／Luzhu　二〇一四、八、十六

4、

難得家和
人和氣　和善
家和睦

太多蟑螂鼠患
太多臭蟲蚊蠅
太多麻雀嘀咕
偶而再加獅吼

意氣因循
難得清靜淡定
明智擇抉

家政在人
和為貴
老娘舅說
你聽不聽

5、

沙漠星戰
高原悶曰華氏九十度
難得情報靜夜七十度

神話鬼話　寓言謊言
種族信仰　意識貧血

有誰在高原
觀……山景
宮內宮外意見亂紛紛

「境外自衛，能不自殺」
「國際警察，能不空襲」

人道　人道
難民不值錢
人權　人權
自由民主　生命……

柯羅拉多高原初稿
魯竹／Luzhu　二〇一四、八、一五
第二次世界戰結束日本投降69週年紀念有感

6.

人道　民權
了不了的意識

我在高原觀……山景
宮內宮外意見
亂紛紛　寓言神話　鬼話謊言

政客變臉意外
拜神社

人道　空襲打造廢墟
人權　槍殺無辜人民

帳蓬外交廣場之春
霸道自由佔領

打打談談無聊
強權民主無情
平等不平等　春去也

柯羅拉多高原初稿
魯竹／Luzhu 二〇一四、八、一五

7.

跨世紀的戰爭
二十三年的空襲
六任總統的命令
所謂的「國家利益」
反恐「境外自衛」
以一殺百陣勢
堅持意識信念

支持以色列
選民少數服從多數
國會多數服從少數
異類的民主
異類的人權　有「理」
霸道自由民主不平等
巴格達　你不懂

柯羅拉多高原初稿
魯竹／Luzhu　二〇一四、八、九

8、

@#%$
假情報
軍火商　倒爺
沙漠星戰　作孽

9/11
境外自衛
自殺炸彈
你瘋了

恐怖份子
反恐怖
@#$%
我不能瘋
能不　我不
瘋　不能瘋

柯羅拉多高原初稿
魯竹／Luzhu　二〇一一、六、十一

9.

狼來了
信不信由你

爭議不了的意識
恐怖　反恐怖
沙漠不了的星戰
十三個春秋廣場

自殺炸彈
美金失血　政客變臉
猛印美金

布袋戲　戰鼓下
傀儡貧血
BBQ市場　霧霾
秋月圓高氣壓低
狼來了！　信不信？

柯羅拉多高原初稿
魯竹／Luzhu 二〇一四、九、十一